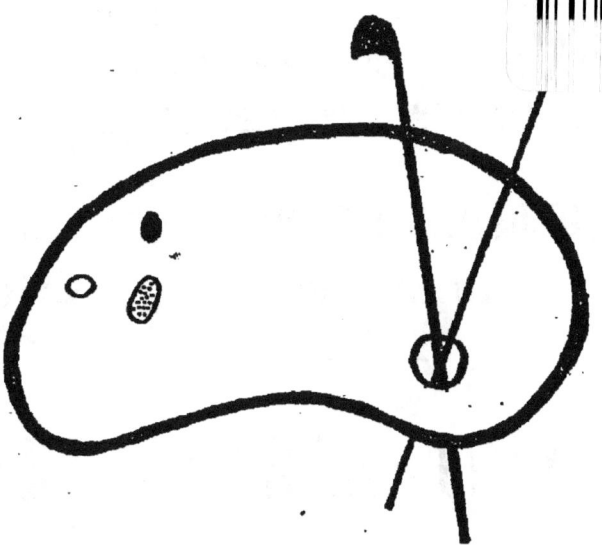

DEBUT D'UNE SERIE DE DOCUMENTS EN COULEUR

SCIENCE ET RELIGION
Études pour le temps présent

CATHOLIQUES ET PROTESTANTS
AU XVIᵉ SIÈCLE

LA SAINT-BARTHÉLEMY

PAR

HENRI HELLO

PARIS
LIBRAIRIE BLOUD ET BARRAL
4, RUE MADAME ET RUE DE RENNES, 59

1899

Tous droits réservés

SCIENCE ET RELIGION

Etudes pour le temps présent

Collection de vol. in-12 de 64 pages *compactes*.

Prix : **0** fr. **60** le vol.

Les revues et les journaux les plus importants de la presse conservatrice et catholique ont accueilli avec les plus grands éloges les **Etudes pour le temps présent.**

C'est avec la plus rigoureuse méthode scientifique — mais mise à la portée de toutes les intelligences quelque peu cultivées — qu'elles traitent les problèmes et les questions qui tourmentent l'âme contemporaine et déroutent les meilleurs esprits.

Le nom de l'auteur de chacune d'elles est une recommandation.

Dès l'apparition des premiers volumes, les **Etudes pour le temps présent** ont obtenu un succès dépassant toute espérance. « *Elles ne méritent pas seulement d'être lues*, a écrit dans l'*Univers* un excellent juge, M. Edmond BIRÉ, *ce sont des armes pour le bon combat ; il faut les répandre.* »

Ouvrages parus

— **L'Apologétique historique au XIX⁰ siècle. — La Critique irréligieuse de Renan** (*Les précurseurs — La vie de Jésus — Les adversaires — Les résultats*), par l'abbé Ch. DENIS, directeur des *Annales de philosophie chrétienne*.　　　　1 vol.

— **Nature et Histoire de la liberté de conscience**, par M. l'abbé CANET, docteur en philosophie et ès lettres de l'Université de Louvain, ancien professeur de théologie dogmatique au grand séminaire de Lyon.　　　　1 vol.

— **L'Animal raisonnable et l'Animal tout court**, *étude de psychologie comparée*, par C. DE KIRWAN.　　　　1 vol.

— **La Conception catholique de l'Enfer**, par M. BRÉMOND, docteur en théologie, professeur de dogme au grand séminaire de Digne.　　　　1 vol.

— **L'Eglise Russe**, par J.-L. GONDAL, professeur d'apologétique et d'histoire au séminaire Saint-Sulpice.　　　　1 vol.

— **La Fausse Science contemporaine et les Mystères d'Outre-tombe**, par le R. P. Th. ORTOLAN, O. M. I.　　　　1 vol.

— *Du même auteur :* **Vie et Matière ou Matérialisme et Spiritualisme en présence de la Cristallogénie.**　　　　1 vol.

— *Du même auteur :* **Matérialistes et Musiciens.**　　　　1 vol.

— **Le Mal**, sa nature, son origine, sa réparation. *Aperçu philosophique et religieux*, par M. l'abbé CONSTANT, docteur en théologie, lauréat de l'Institut catholique de Paris.　　　　1 vol.

— **Dieu auteur de la vie**, par M. l'abbé THOMAS, vicaire général de Verdun.　　　　1 vol.

— *Du même auteur :* **La Fin du monde d'après la Foi.** 1 vol.

— **L'Attitude du catholique devant la Science**, par G. FONSEGRIVE, directeur de la *Quinzaine*.　　　　1 vol.

— *Du même auteur :* **Le Catholicisme et la Religion de l'Esprit.**　　　　1 vol.

— **Du doute à la Foi**, le besoin, les raisons, les moyens, les devoirs, la possibilité de croire, par le R. P. TOURNEBIZE, S. J. 4ᵉ édition.　1 vol.

— **La Synagogue moderne**, sa doctrine et son culte, par A. F. SAUBIN.　1 vol.

— **Évolution et Immutabilité de la doctrine religieuse dans l'Église**, par M. PRUNIER, supérieur au grand séminaire de Séez.　1 vol.

— **La Religion spirite**, son dogme, sa morale et ses pratiques, par I. BERTRAND.　1 vol.

— **L'Hypnotisme franc et l'Hypnotisme vrai**, par le docteur HÉLOT, auteur de *Névroses et Possessions diaboliques*.　1 vol.

— **Convenance scientifique de l'Incarnation**, par Pierre COURBET.　1 vol.

— **L'Église et le Travail manuel**, par l'abbé SABATIER, du clergé de Paris, docteur en droit canon.　1 vol.

— **L'Inquisition**, son rôle religieux, politique et social, par G. ROMAIN, auteur de : *L'Église et la Liberté*.　1 vol.

— **Unité de l'espèce humaine**, *prouvée par la similarité des conceptions et des créations de l'homme*, par le marquis de NADAILLAC.　1 vol.

— **Le Socialisme contemporain et la Propriété.** — *Aperçu historique*, par M. Gabriel ARDANT.　1 vol.

— **Pourquoi le Roman immoral est-il à la mode et pourquoi le Roman moral n'est-il pas à la mode ?** *Étude sociale et littéraire*, par G. d'AZAMBUJA.　1 vol.

— **Certitudes scientifiques et Certitudes philosophiques**, par le R. P. DE LA BARRE, S. J., professeur à l'Institut catholique de Paris. 2ᵉ édition.　1 vol.

— **L'Âme de l'homme**, par J. GUIBERT, supérieur du séminaire de l'Institut catholique de Paris. 2ᵉ édition.　1 vol.

— **Faut-il une religion ?** par M. l'abbé GUYOT, ancien professeur de théologie. 2ᵉ édition.　1 vol.

— *Du même auteur* : **Pourquoi y a-t-il des hommes qui ne professent aucune religion ?** 2ᵉ édition.　1 vol.

— **Nécessité scientifique de l'existence de Dieu**, par P. COURBET, 2ᵉ édition.　1 vol.

— *Du même auteur* : **Jésus-Christ est Dieu**. 2ᵉ édition.　1 vol.

— **Études sur la pluralité des mondes habités et le dogme de l'Incarnation**, par le R. P. ORTOLAN, docteur en théologie et en droit canonique, lauréat de l'Institut catholique de Paris, membre de l'Académie de Saint-Raymond de Pennafort. 2ᵉ édition.　3 vol.
　I. — *L'Épanouissement de la vie organique à travers les plaines de l'infini.*　1 vol.
　II. — *Soleils et terres célestes.*　1 vol.
　III. — *Les Humanités astrales et l'Incarnation.*　1 vol.
　　Chaque vol. se vend séparément.

— **L'Au-delà ou la Vie future d'après la foi et la science**, par M. l'abbé J. LAXENAIRE, docteur en théologie et en droit canon, et de l'Académie de Saint-Thomas-d'Aquin, professeur au grand séminaire de Saint-Dié. 2ᵉ édition.　1 vol.

— **Le Mystère de l'Eucharistie.** — **Aperçu scientifique**, par M. l'abbé CONSTANT, docteur en théologie, lauréat de l'Institut catholique de Paris. 2ᵉ édition.　1 vol.

— **L'Eglise catholique et les Protestants,** par G. ROMAIN, auteur de : *L'Eglise et la Liberté* et *Le Moyen Age fut-il une époque de ténèbres et de servitude ?* 2ᵉ édition. 1 vol.
— **Mahomet et son œuvre,** par I. L. GONDAL, professeur d'apologétique et d'histoire au séminaire Saint-Sulpice. 2ᵉ édition. 1 vol.
— **Christianisme et Bouddhisme** *(Etudes orientales)*, par M. l'abbé THOMAS, vicaire général de Verdun. 2ᵉ édition. 2 vol.
Première partie : *Le Bouddhisme.*
Deuxième partie : *Le Bouddhisme dans ses rapports avec le christianisme. — Ascétisme oriental et ascétisme chrétien.*
— **Où en est l'hypnotisme,** son histoire, sa nature et ses dangers, par A. JEANNIARD DU DOT, auteur du *Spiritisme dévoilé.* 2ᵉ édit. 1 vol.
— *Du même auteur :* **Où en est le Spiritisme,** sa nature et ses dangers. 2ᵉ édition. 1 vol.

Viennent de paraître :

— **L'Ordre de la nature et le Miracle,** faits surnaturels et forces naturelles, chimiques, psychiques, physiques, par le R. P. DE LA BARRE, S. J., professeur à l'Institut catholique de Paris. 1 vol.
— **L'Homme et le Singe,** par M. le marquis de NADAILLAC. 2 vol.
— **Opinions du jour sur les peines d'outre-tombe.** *Feu métaphorique — Universalisme — Conditionnalisme — Mitigation,* par le P. TOURNEBIZE, S. J. 1 vol.
— **Comment se sont formés les Evangiles.** *La question synoptique — L'Evangile de Saint Jean,* par le P. TH. CALMES, professeur au grand séminaire de Rouen. 1 vol.
— **Le Talmud et la Synagogue moderne,** par A. F. SAUBIN. 1 vol.
— **L'Occultisme ancien et moderne.** *Les mystères religieux de l'antiquité païenne — La kabbale maçonnique — Magie et magiciens fin de siècle,* par I. BERTRAND. 1 vol.
— **L'Hypnotisme transcendant en face de la philosophie chrétienne,** ouvrage dédié au Dʳ CH. HÉLOT, par A. JEANNIARD DU DOT. 1 vol.
— **L'Impôt et les Théologiens.** *Etude philosophique, morale et économique,* par le comte de VORGES, ancien ministre plénipotentiaire, membre de l'Académie de Saint-Thomas, etc., etc. 1 vol.
— **Nécessité mathématique de l'Existence de Dieu.** *Explications — Opinions — Démonstration,* par René de CLÉRÉ. 1 vol.
— **Saint Thomas et la Question juive,** par Simon DEPLOIGE, professeur à l'Université Catholique de Louvain. 1 vol.
— **Premiers principes de Sociologie Catholique,** par l'abbé NAUDET, professeur au collège libre des sciences sociales, directeur de la *Justice Sociale.* 1 vol.
— **Le déluge de Noé et les races Prédiluviennes,** par C. de KIRWAN. 2 vol.
— **La Patrie.** — *Aperçu philosophique et historique,* par J. M. VILLEFRANCHE. 1 vol.
— *Protestants et Catholiques au xvıᵉ siècle.* — **La Saint-Barthélemy,** par Henri HELLO. 1 vol.
— **L'Esprit et la Chair.** *Philosophie des macérations,* par Henri LASSERRE, auteur de *Notre-Dame de Lourdes,* etc., etc. 1 vol.

Imp. des Orph.-Appr., D. Fontaine, 40, rue La Fontaine, Paris-Auteuil.

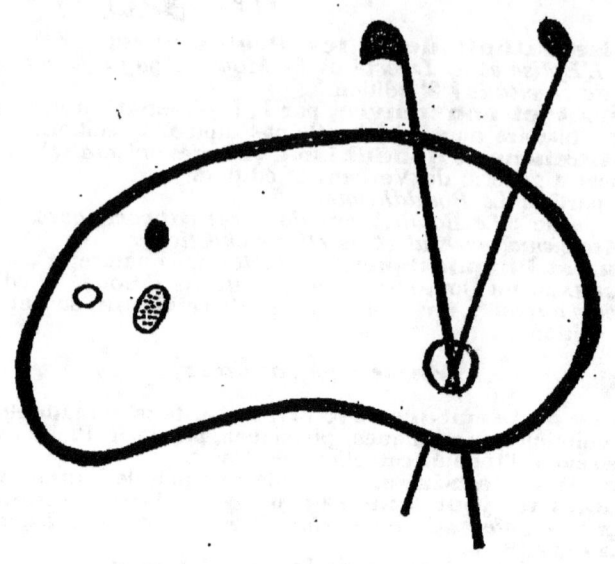

**FIN D'UNE SERIE DE DOCUMENTS
EN COULEUR**

SCIENCE ET RELIGION
Études pour le temps présent

CATHOLIQUES ET PROTESTANTS
AU XVIᵉ SIÈCLE

LA SAINT-BARTHÉLEMY

PAR

HENRI HELLO

PARIS
LIBRAIRIE BLOUD ET BARRAL
4, RUE MADAME ET RUE DE RENNES, 59

1899

Tous droits réservés

AVANT-PROPOS

Elisabeth d'Angleterre prit le deuil à la nouvelle de la Saint-Barthélemy. Elle osa feindre l'indignation en face de représailles regrettables sans doute, mais qui étaient peu de chose, comparées aux atrocités commises par elle-même contre les catholiques. Cette reine hypocrite et cruelle personnifie à merveille la Réforme.

Faisant retentir partout les mots sonores de *tolérance* et de *liberté de conscience*, la Réforme a voulu exterminer l'Eglise de Jésus-Christ et régner sur ses ruines, régner, comme Elisabeth, sur un trône fait de boue et de sang. Elle a déchaîné dans presque toute l'Europe chrétienne des guerres effroyables ; elle a pillé les monastères, incendié les églises, mutilé, torturé, massacré les catholiques, partout où elle a pu le faire.

C'est ainsi qu'elle a parcouru, comme une furie sacrilège, l'Allemagne, le Danemark, la Suède, l'Angleterre, l'Irlande, la Suisse, la France ; et si quelqu'un faisait semblant de lui résister, d'opposer la force à la force, si des populations exaspérées usaient de représailles, la Réforme l'accusait d'intolérance et de barbarie : l'Eglise romaine était cause de tout le mal ! Combien d'écrivains ont répété ces mensonges et ces calomnies ! L'histoire ainsi falsifiée nous a été transmise par les amis de la Révolution. La plupart des historiens populaires passent presque sous silence les crimes innombrables de la Réforme, et donnent, en les exagérant, tous les détails de la Saint-Barthélemy. Ils en font le point culminant de cette époque sanglante. Exploitant l'ignorance du peuple, la mauvaise presse enchérit sur tout cela, et rejette *sur l'Eglise elle-même* la responsabilité de la journée du 24 août et celle des guerres de Religion, comme elle lui imputera ce qu'on est convenu d'appeler les *horreurs de l'Inquisition.*

Des travaux publiés par de véritables érudits ont montré ces questions sous leur vrai jour, et dissipé une grande partie des ténèbres. Ces auteurs sont allés aux sources, ils ont recueilli des témoignages sûrs et précieux. Ils ont surpris, chez les historiens mêmes de la Réforme, assez d'aveux pour en tirer contre elle le réquisitoire le plus sanglant. Mais ces ouvrages, connus du public lettré, n'ont point pénétré les masses.

Notre tâche consistera surtout à *populariser* les résultats de ces études savantes. Nous choisirons des textes pris chez nos adversaires aussi bien que chez nos amis. En les classant, en les comparant, nous tâcherons d'en tirer, pour l'instruction du peuple, la vérité historique.

Nous n'avons pas à *excuser* les crimes de la Saint-Barthélemy, mais 1° à les *expliquer*, en montrant la conduite des protestants ; 2° à en décharger l'Eglise.

CHAPITRE Ier

Intolérance et excès de la Réforme en Europe.

Nota 1º. — *Les désordres que nous allons exposer sont le fruit naturel de la Réforme.* Il importe de mettre en relief cette vérité au début de notre étude. Si, pour des raisons que nous examinerons plus tard, les catholiques ont usé parfois de moyens trop violents contre les réformés, la faute ne peut être imputée qu'à eux *personnellement* et à leurs complices, mais nullement à la *religion* catholique, dont la très pure doctrine défend de haïr un ennemi et de lui rendre le mal qu'il nous a fait. Elle permet de repousser la force par la force pour le maintien de l'ordre et le triomphe de la justice, mais non d'*abuser* de la force.

Nota 2º. — Nous n'accusons pas tous les protestants d'être corrompus et cruels; mais ceux qui, se croyant de bonne foi dans la vérité, observent la morale naturelle, ne sont pas honnêtes *parce qu'ils sont protestants*. Au contraire, la mesure de leur honnêteté est celle de la distance qui les sépare du Protestantisme *doctrinal*. Les enseignements des pères de la Réforme sont essentiellement corrupteurs, et conduisent logiquement à tous les crimes ceux que la voix du remords, l'intérêt, ou tel autre motif humain ne retient pas. Un protestant *honnête* est tel parce qu'il est à l'image de Dieu ; parce que, étant *homme,* il a une conscience qui réprouve ce qu'approuvent Luther, Calvin et les Docteurs de la Réforme.

Ces observations faites, nous disons que le protestantisme poussait : 1° à la corruption des mœurs ; 2° au socialisme, au brigandage, à l'anarchie ; 3° à la destruction du catholicisme.

1° *Le Protestantisme poussait à la corruption des mœurs.*

Sous prétexte de réformer les mœurs, le Protestantisme autorise toutes les dépravations. En cela, il est logique avec lui-même. Il est plus qu'un révolté : la révolte contre l'Eglise de Jésus-Christ est sa raison d'être et son premier principe. Rejetant *a priori* l'autorité de l'Eglise, il met à la place le libre examen, l'indépendance de la raison, qui juge en dernier ressort. Une telle liberté trouve gênante la loi morale et s'en affranchit promptement. Elle ouvre l'écluse, et les passions humaines se déchaînent comme un torrent. Alors une théologie complaisante autorise et légitime tous les désordres.

D'après Luther, il n'y a qu'un péché, celui d'incrédulité. La foi seule nous sauve. *Pèche fortement, et crois plus fortement,* disait Luther. Calvin enseigne la même chose. Luther, Mélanchton et Bucer, consultés par le Landgrave Philippe de Hesse, lui permettent l'adultère. Ces enseignements des Docteurs de la Réforme portent leurs fruits. La corruption est telle que les historiens protestants eux-mêmes poussent des cris d'alarme. Bornons-nous à deux courtes citations :

« Nous autres Allemands d'aujourd'hui, nous ne pouvons guère nous vanter de notre continence... ; chaque jour, on voit toutes les espèces de corruption se propager et s'afficher sans honte ni mesure. Les vieux corrompent les jeunes, chaque vice en engendre un autre, et les adolescents sont aujourd'hui tellement pervertis qu'ils en savent plus, en fait de libertinage, que n'en savaient naguère les personnes les plus avancées en âge (1). »

« Le libertinage a fait aujourd'hui de si effroyables progrès parmi nous qu'on ne le considère plus comme un mal, et qu'on se vante même de ses prouesses en fait de débauches, comme des actions les plus méritoires (2). »

Ces auteurs rejettent sur *Luther* et *sa doctrine* la responsabilité de cette dépravation générale. Luther et Calvin eux-mêmes sont contraints à des aveux qui, dans leur bouche, ne peuvent être suspects. « Depuis la prédication de notre doctrine, dit Luther, le monde devient de jour en jour plus mauvais, plus impie, plus éhonté (3). » — « Parmi cent évangélistes, écrit Calvin, on en trouverait à peine un seul qui se soit fait évangélique pour aucun autre motif que pour pouvoir s'abandonner avec plus de liberté à toutes sortes de voluptés et d'incontinence (4). »

---

(1) Sacerius (Voir Dollinger t. II, p. 422).
(2) André Hopenrod (ibid.).
(3) Sermon, 1859.
(4) *Comment. in II epist. Petri.*

Conclusion. — Tout gouvernement avait le droit et le devoir de s'opposer, même par la force, à la Réforme, parce que tout souverain a le droit et le devoir de protéger, dans la mesure possible, les bonnes mœurs.

2° *Le Protestantisme poussait au socialisme, au brigandage, à l'anarchie.*

L'autorité de l'Eglise, interprète authentique des Livres saints, une fois rejetée, les soi-disant religionnaires expliquent la Bible chacun à sa façon. Ils y trouvent ce qu'ils veulent, et se livrent à tous les excès, sous prétexte que l'Ecriture les conseille ou les ordonne. Ils se disent inspirés par l'Esprit-Saint, et, devenus ainsi le jouet de leur orgueil et du prince des ténèbres, ils ne sont rien moins que des monstres dangereux pour l'ordre social.

« En ces temps, dit Bossuet (1), toute l'Allemagne était en feu. Les paysans, révoltés contre leurs seigneurs, avaient pris les armes et imploraient le secours de Luther. Outre *qu'ils en suivaient la doctrine*, on prétendait que son livre de la *Liberté chrétienne* n'avait pas peu contribué à leur inspirer la rébellion, par la manière hardie dont il parlait *contre les législateurs et contre les lois.* »

Armés de ces doctrines, Munzer et Jean de Leyde soulèvent les paysans contre les seigneurs.

« Les premiers réformateurs, dit un auteur protestant, proclamèrent le droit d'interpréter les Ecritures selon le jugement particulier de chacun :

---

(1) *Hist. des Variations*, liv. II, c. xi.

les conséquences furent terribles... Le jugement particulier de Munzer découvrit dans l'Ecriture que les titres de noblesse et les grandes propriétés sont une usurpation impie, et il invita ses sectateurs à examiner si telle n'était pas la vérité. Ses sectateurs examinèrent la chose, *louèrent Dieu*, et procédèrent ensuite *par le fer et le feu* à l'extirpation des impies (?), et s'emparèrent de leurs propriétés. *A notre tour d'être les maîtres*, disaient les paysans à chaque noble devenu leur prisonnier (1). »

« *Luther*, dit Louis Blanc, *menait droit à Munzer*. Le cri qu'il avait poussé contre Rome, des milliers de voix l'allaient pousser contre les rois, les princes... Nous voici à la guerre des paysans, nous voici *au prologue de la Révolution française* (2). »

La Révolution n'aura plus, en effet, qu'à rayer le nom de Jésus-Christ, invoqué par les Docteurs de la Réforme avec une affectation qui égale presque leur hypocrisie.

Luther avait pris parti pour les paysans. « Sûrs maintenant de l'appui du chef de la Réforme, les paysans se soulèvent en masse. Bientôt la Thuringe, l'Alsace, la Saxe, le Palatinat, etc., sont sous les armes. Le renégat Pfeiffer amène ses paysans au pillage en prenant le ton d'un prophète inspiré : *J'ai vu*, dit-il, *un nombre prodigieux de rats se jeter sur une grange pour en dévorer les grains. Princes, vous êtes ces rats qui nous opprimez; nobles, vous êtes ces rats qui nous*

---

(1) O'Callaghan, ap. M. A. Nicolas, du Prot.
(2) *Hist. de la Rév. Fr.*, t. I•r, p. 577.

dévorez. Israël, à vos tentes ! voici le jour des combats ; tombent nos tyrans et nos châteaux !... Cent mille hommes tués sur les champs de bataille, sept villes démantelées, mille monastères rasés, trois cents églises incendiées et pillées, d'immenses trésors de peinture, de sculpture, ensevelis sous les décombres des églises ou des couvents, tels furent les résultats de cette tempête révolutionnaire que la nouvelle doctrine déchaîna sur l'Allemagne (1). »

Mélanchton disait que les flots de l'Elbe ne suffiraient pas pour pleurer tous les malheurs de la Religion et de l'Etat.

Conclusion.— *Tout gouvernement a le droit et le devoir de maintenir l'ordre : donc tout souverain pouvait et devait s'opposer, même par la force, à l'envahissement de la Réforme.*

3° *La Réforme poussait à la* **destruction** *du catholicisme.*

Une erreur considérable, exploitée comme une mine par les ennemis de l'Eglise, c'est de croire que les protestants réclamaient simplement leur place au soleil, à côté des catholiques, de croire qu'ils étaient inoffensifs et *tolérants* à l'excès.

Il n'en est rien. Le Protestantisme, c'est l'envahisseur qui pénètre partout et s'empare de tout ; le tyran qui foule aux pieds toutes les libertés les plus saintes avec toutes les traditions les plus respectables. Il veut *se substituer à l'Eglise* de Jésus-Christ, contre laquelle il *proteste* par sa nature même. Il faut qu'il soit le maître absolu

---

(1) Abbé Lefortier, *la Saint-Barthélemy*, p. 77.

là où il s'impose. *A cette seule condition*, il consentira quelquefois, au xix° siècle, à *tolérer*, en le surveillant de près, le culte catholique ; mais lorsque, repu du sang de nos martyrs, il semble se reposer, il ne cesse de tramer de sourds complots contre l'Eglise romaine (1).

Au xvi° siècle, il n'était pas repu. Il a versé des flots de sang catholique en Angleterre, en Irlande, en Allemagne, en Danemark, en Hollande, en Suède, en Suisse ; et si l'Eglise n'a pas été noyée dans le sang de ses enfants, c'est qu'elle a les paroles de la vie éternelle.

Nous n'exagérons pas. Les annales de la Réforme rappellent les pages les plus sanglantes de l'histoire de l'Eglise sous Néron et sous Dioclétien, aussi bien pour le raffinement des supplices que pour la multitude des victimes.

« Quiconque, écrivait Luther, aidera de son bras ou de ses biens à ruiner les évêques et la hiérarchie épiscopale, est bon fils de Dieu, vrai chrétien et *observe les commandements du Seigneur.* » — « Quand nous employons le gibet contre les larrons, le glaive contre les assassins, le feu contre les hérétiques, nous ne laverions pas nos mains dans le sang de ces *maîtres de perdition*, de ces *serpents de Rome* et de Sodome ! (2) »

Mahomet n'eût rien dit de plus.

---

(1) Rappelons le rôle odieux joué par les nations protestantes, spécialement par l'Angleterre, dans le complot ourdi par la Révolution, pour dépouiller le Pape de ses Etats et faire l'Italie de Victor-Emmanuel. Voir l'*Empire libéral*, d'Emile Ollivier.

(2) Cantû, *Hist. univers.*, t. XV, p. 48.

« Le Pape, dit Luther, est un loup possédé du malin esprit (1). »

Un de ses traités a pour titre : *La Papauté instituée par le diable*.

« Les monarques, y est-il dit, les princes, les seigneurs qui font partie de la tourbe de Sodome (lisez de l'Eglise romaine), *doivent être attaqués avec toutes sortes d'armes. Il faut se laver les mains dans leur sang.* » Calvin écrivait : « Quant aux Jésuites, qui nous sont partout contraires, il faut *les tuer*, ou, si cela ne se peut commodément faire, les chasser, ou tout au moins *les écraser* sous les mensonges et les *calomnies* (2). »

« Sous Henri VIII d'Angleterre, on vit, dit Cobbett, un auteur *protestant*, des familles entières périr sous les coups de ses bourreaux. Quand on lui avait désigné un individu comme trop intègre pour approuver ses actions, il n'était âge ni sexe qui pût trouver grâce à ses yeux ; un simple regard suffisait pour attirer ses soupçons et être envoyé à la mort (3). »

Les protestants reprochent à Marie Tudor ses cruautés envers les catholiques. C'est de l'hypocrisie. Si elle a fait périr deux cent soixante-sept individus pour cause d'hérésie (4), c'est trop sans doute, mais fort peu en comparaison des horreurs commises par Henri VIII et Elisabeth.

« Le Bill de 1536 imposa à l'Angleterre une inquisition mille fois plus cruelle que celle d'Espa-

---

(1) *Thèses* de 1540.
(2) Ap. Alzog, t. III, p. 364, in-12.
(3) Cobbett, lett. IV.
(4) Chiffre donné par le *Martyrologe protestant de Fox*, par Hume et Cobbett.

gne, et, suivant quelques auteurs, on ne doit pas évaluer à moins de *soixante-douze mille* le nombre de ceux qui en furent victimes. Dans ce nombre, il faut comprendre deux reines, trois archevêques, dix-huit évêques, treize abbés, cinq cents prieurs ou moines, etc. (1). »

Henri VIII vaut bien Néron.

L'*Histoire d'Angleterre* de Lingard est pleine d'atrocités inouïes, exercées contre les catholiques par Élisabeth, la même qui prit le deuil en apprenant la Saint-Barthélemy.

« A la vue de ces gantelets de fer, qu'on serrait aux poignets des coupables au moyen d'une vis, et avec lesquels on les suspendait dans les airs ; de ces châssis, sous lesquels on les disloquait jusqu'à ce que les os quittassent leurs articulations ; en présence de cet horrible supplice qu'on nommait la *Fille de Scavenger* (2), et qui semblait avoir les prédilections d'Élisabeth, on se demande, en vérité, ce que la cruauté de cette princesse pouvait envier aux plus sanguinaires tyrans de la Rome païenne, et si, après cela, le Protestantisme a bien le droit de parler de la tyrannie et de l'intolérance des princes catholiques (3). »

Conclusion. — *Tout gouvernement chrétien*

---

(1) Lefortier, *la Saint-Barthélemy*, p. 46.
(2) « C'était, dit Lingard, un cercle de fer composé de deux parties jointes l'une à l'autre par une charnière. On plaçait le prisonnier à genoux sur le pavé, et on l'obligeait de se resserrer dans le plus petit espace possible ; après quoi le bourreau, appuyant ses genoux sur les épaules du malheureux et lui passant le cercle sous les jambes, pressurait la victime jusqu'à ce qu'il pût lui lier les pieds et les mains sur le défaut des côtes. La durée de ce supplice était une heure et demie, pendant laquelle le sang du patient ruisselait de ses narines, et souvent de ses pieds et de ses mains. » (*Histoire d'Angleterre, règne d'Élisabeth.* Note D.)
(3) Abbé Lefortier, *la Saint-Barthélemy*, p. 48.

ayant le droit et le devoir de protéger la religion de Jésus-Christ, et, pour cela d'abord, ayant reçu de Dieu le glaive de la justice, avait le droit et le devoir de s'opposer, même par la force, à l'envahissement de la Réforme.

Cette conclusion purement théologique est inattaquable. Des abus ont été commis, mais l'usage de la force était juste. Dans les chapitres suivants, nous aurons l'occasion d'appliquer souvent ces principes.

CHAPITRE II

LES CRIMES DES HUGUENOTS EN FRANCE (1)

1° *En France, comme ailleurs, les protestants voulaient anéantir la religion catholique et lui substituer le calvinisme. Pour arriver à cette fin, les huguenots formaient un Etat dans l'Etat, ils tentaient de s'emparer du pouvoir et pactisaient avec les ennemis de la patrie.*

Le protestantisme, qui infectait et ravageait plusieurs grandes nations d'Europe, devait porter en France les mêmes fruits empoisonnés, les mêmes désordres dans l'ordre religieux et dans l'ordre social. Le calviniste de France, lui aussi, légitimait ses crimes en s'autorisant de l'Ecriture, qu'il interprétait selon sa passion, selon sa haine de l'Eglise catholique, d'accord avec l'intérêt personnel. L'Eglise était une Babylone; le Pape, l'Antechrist; le catholicisme, une vaste idolâtrie dont il fallait purifier la terre. Théodore de Bèze, au nom des docteurs de la Réforme, exposa cette thèse dans la conférence de Saint-Germain. C'est un article du symbole calviniste.

(1) On appelait huguenots, en France, les protestants soit français, soit étrangers.

« Dans tous les pays où les protestants triomphent, en Suisse, en Suède, en Danemark, en Bohême, en Hollande, en Allemagne, *en France même, le culte catholique est immédiatement interdit sous des peines sévères et souvent cruelles* (1).

Enracinée dans le sol du royaume très chrétien, la vieille foi des Francs allait pourtant s'indigner, résister à l'envahissement de la Réforme, plus que l'Angleterre et l'Allemagne.

D'autre part, la Réforme ne pouvait espérer qu'elle ferait du roi de France un Henri VIII.

Quel plan d'attaque restait donc aux huguenots ? Annuler l'autorité royale, usurper le pouvoir, substituer enfin à la monarchie chrétienne une république calviniste, qui, armée du fer et du feu, proscrirait impitoyablement le culte catholique : tel était le projet infernal du parti réformé en France.

« Mutation de religion emporte mutation de l'Etat », disait un demi-huguenot, Marillac, archevêque de Vienne. Au point de vue protestant, c'était vrai, surtout pour la France. Aussi le parti huguenot devient chez nous, comme ailleurs, un parti politique, *un Etat dans l'Etat,* d'autant plus redoutable qu'il pactise avec l'ennemi.

De fait, le calvinisme s'organise puissamment. *« Il enveloppait la France d'un réseau de conspirations* (2). » Le mot d'ordre était transmis dans toute la France avec promptitude, comme il arrive

---

(1) *Revue des questions historiques*, 1866, I, 1, p. 17.
(2) *Revue des questions historiques*, ibid., p. 21.

dans les sociétés secrètes. Les huguenots avaient, dans chaque province, un chef, qu'ils opposaient, de fait, au gouverneur du roi, si ce gouverneur était catholique. Sous ce chef étaient groupés des agents auxiliaires, puis des ministres, qui recueillaient des collectes et faisaient des prêches.

« Les protestants, dit Lavallée dans son *Histoire des Français* (1), avaient leurs rôles de recettes et de soldats, leurs magasins d'armes, leurs rendez-vous, leurs chefs, leurs assemblées et leurs *négociations secrètes* avec l'étranger. *Ils étaient prêts pour un soulèvement général.* » Un protestant confesse qu' « ils faisaient des levées d'hommes et d'argent, et empêchaient les dîmes et les autres revenus ecclésiastiques, qu'ils tâchaient de faire tourner à leur profit; ils avaient leurs capitaines, leurs lieutenants, leurs drapeaux, leurs villes de guerre, leurs munitions, leurs arsenaux, leurs troupes soldées (2). »

Le parti huguenot est donc une vaste coalition. Il ordonne et menace. Si le roi, les princes, le peuple, n'acceptent pas ses conditions, il prend les armes. C'est ainsi qu'il soulève trois guerres civiles implacables avant 1572, année de la Saint-Barthélemy.

Calvin avait dit qu'il faut *cracher sur la face des rois catholiques* (3). Dans son commentaire sur Daniel, il déclare qu'un souverain qui refuse de soumettre son sceptre à la Réforme *abdique sa*

---

(1) Tom. I, p. 575.
(2) *Essai sur les événements qui ont précédé et amené la Saint-Barthélemy*, 1838, p. 19 ; Thèse présentée à la Faculté de Strasbourg, par G. J. Fauriel.
(3) *Histoire de l'Eglise gallicane*, t. XIX, p. 27.

qualité de souverain et sa dignité d'homme, qu'il n'a plus droit à l'obéissance.

Déjà, en 1560, le parti huguenot avait voulu s'emparer de la personne du roi et gouverner. « La conjuration d'Amboise précéda la première prise d'armes générale du parti : elle avait pour *prétexte* d'arracher le roi (François II) à la tyrannie des Guises ; en réalité, elle devait, en cas de réussite, *donner aux calvinistes* le gouvernement de la France (1). »

En 1572, à Nîmes, dans une assemblée générale des huguenots, on dresse le plan d'une république pour la France ; en 1573, les Etats d'Anduze reprennent ce projet. En 1575, à Nîmes, les huguenots font un autre règlement pour *la confédération et l'établissement du gouvernement républicain* (2). C'est pour l'établir que le calvinisme a répandu des torrents de sang.

Fidèles aux maximes de leurs docteurs, « les synodes nationaux des protestants établirent en principe *qu'il était légitime de prendre les armes contre l'Etat* (3).

Enfin la Réforme pactise avec l'étranger. C'est peu pour Coligny et Condé, chefs du parti huguenot, d'allumer en France trois guerres civiles. Pour triompher d'un pays où la foi a jeté de si profondes racines, les milliers de reîtres allemands payés avec l'or de la France ne suffisent pas à l'amiral. Il traite secrètement avec la perfide Eli-

---

(1) *Revue des questions historiques*, ibid., p. 28.
(2) *Revue des questions historiques*, ibid., p. 19.
(3) *Revue des questions historiques*, ibid., p. 21.

sabeth d'Angleterre, il lui faut de l'or anglais et des soldats anglais.

Coligny les aura au prix d'une trahison. Dargaud lui-même, admirateur de Coligny, en convient. Citons ses paroles.

« Il (Coligny) communique avec l'étranger. Il harcèle donc, il aiguillonne M. de Bricquemant qui, sous les obsessions de l'amiral, signe un traité à Londres. Par ce traité, la reine Elisabeth promet à Condé et à Coligny *cent quarante mille écus d'or; elle promet, en outre, six mille soldats. Trois mille doivent occuper le Hâvre-de-Grâce, transformé en place de sûreté par les Anglais et en place de refuge pour les proscrits calvinistes. Les trois mille autres sont destinés à Dieppe et à Rouen. Ce traité s'exécute sans retard* (1). »

Ainsi, Coligny et Condé livrent trois villes aux Anglais ! Le protestant Cobbett avoue que la nation tout entière fut blessée dans son honneur par cette « lâche perfidie ».

Conclusion. — *En France, le gouvernement royal pouvait et devait s'armer, contre le calvinisme, du glaive de la justice, non pour l'assassinat, qui est toujours défendu, mais pour le maintien de l'ordre et la protection de l'Eglise catholique. Il devait repousser la force par la force; au besoin faire arrêter, juger et exécuter les criminels et les traîtres du parti calviniste, tels que Coligny.*

2° *Les huguenots ont provoqué la Saint-Barthélemy en donnant l'exemple du pillage et des massacres.*

(1) Cité par Ch. Buet, *Coligny*, p. 117.

En lisant ce qui suit, on n'oubliera pas que la Réforme avait le rôle *agressif*; qu'elle *voulait prendre de force* une nation profondément catholique.

Citons M. Charles Buet, dans son savant ouvrage sur *François de Guise* (1).

Dès l'année 1559, les Protestants avaient entrepris les hostilités par le pillage et l'incendie des églises.

« Le massacre des prêtres et des citoyens fidèles à l'Église romaine devient *l'accompagnement habituel* de ces premiers désordres. La guerre civile éclate avec toutes ses horreurs. Comme autrefois la religion de Mahomet, la religion de Luther et de Calvin s'impose par la violence. Durant de longues années, elle amoncelle ruines sur ruines, cadavres sur cadavres ; ce ne sont que crises lamentables et douloureuses. La Guyenne, le Languedoc, le Poitou, la Saintonge sont les premiers éprouvés. Bientôt le mal se généralise.

« Bourges, Mortagne, Meaux, Uzès, Béziers, Nîmes, Saint-Gilles, Montpellier, Orléans, Sully-sur-Loire, Pithiviers, Reims, Coutances, Caen, Montauban, Alais, Condom, Angoulême, Saintes, Périgueux, Sarlat, Mâcon, Auxerre, etc... et une foule d'autres villes de France et du Béarn, deviennent tour à tour ou simultanément le théâtre *des plus grandes atrocités* de la part des disciples de la prétendue Réforme.

« Les cathédrales, les églises, les couvents, les chapelles, et même les hôpitaux et les bibliothè-

---

(1) Chap. IV.

ques sont détruits, saccagés, pillés, souillés. Comme avaient fait les barbares, les protestants s'emparent de toutes les richesses du culte, brisent les statues, déchirent les peintures..... Par eux, les évêques, les prêtres, les religieux de tout ordre sont égorgés, insultés ou chassés. Les populations attachées au culte de leurs pères se voient soumises aux plus cruels traitements...

« En Beauce seulement, les calvinistes triomphants détruisirent *trois cents églises*. Sur toute la surface de la France, on compte *cent cinquante cathédrales* et abbayes complètement ruinées. Dans les seuls diocèses de Nîmes, de Nevers, d'Uzès et de Mende, le nombre des églises démolies atteignit le chiffre énorme de *cinq cents*...

« On eût dit qu'ils (les Protestants) avaient adopté la devise barbare des anciens Romains : *Malheur aux vaincus !* »

Citons maintenant un écrivain *protestant* racontant lui-même une des nombreuses Saint-Barthélemy dont les catholiques furent victimes ; on se demandera de quel front les protestants osent bien parler de celle de 1572 :

« En 1567 et 1569, les rues de Nîmes furent teintes du sang des catholiques. Rien de plus affreux que la *Michelade*, comme l'ont nommée les gens du pays, massacre exécuté par les protestants en 1567, avec une horrible régularité, le jour de la Saint-Michel. Les catholiques, enfermés dans l'hôtel de ville et gardés à vue, furent égorgés par leurs ennemis d'une manière qui rappelle tout à fait les massacres de septembre, pendant la Révolution française. On fit descendre l'un après l'autre, dans les caveaux de l'église, les malheureux que l'on voulait exécuter et que les religionnaires attendaient pour les tuer à coups de dague. On avait placé, sur le beffroi et sur les fenêtres du clocher, des gens armés de torches, pour mieux éclairer cette boucherie qui dura deux heures. La plupart furent jetés dans un puits qui avait quarante-deux pieds de profondeur, plus de quatre pieds de diamètre, et qui fut comblé de ces victimes. L'eau mêlée de sang se répandait au dehors, et, longtemps après, on entendait encore les cris étouffés et les gémissements des malheureux qui se trouvaient écrasés par les cadavres. On fit une recherche exacte dans les maisons des catholiques, et cette tuerie dura *depuis onze heures du soir jusqu'à six heures du matin* (1). »

Tout le monde connaît la Saint-Barthélemy. Combien connaissent la Michelade ?

Voici quelques-uns des supplices infligés par les huguenots aux catholiques coupables de rester fidèles à l'Eglise romaine.

Nous empruntons les détails suivants à un ouvrage du xvi° siècle, réédité fort à propos par la librairie Desclée.

C'est la traduction française du *Theatrum crudelitatum hæreticorum nostri temporis*, publié pour la première fois à Anvers, en 1587. Il présente une série de gravures sur bois remarquables par leur exécution. L'édition française parut

---

(1) *Edimburg Review,* le massacre de la Saint-Barthélemy. Voir *Revue Britannique,* février 1836.

l'année suivante, en 1588. C'est celle-ci qu'a rééditée la librairie Desclée.

La ville d'Angoulême s'est rendue aux huguenots. Au mépris de la foi jurée, plusieurs catholiques sont mis en prison. Michel Grellet, Gardien du couvent de Saint-François, est pendu à un arbre et étranglé en présence de Coligny.

Frère Jean Avril, vieillard de quatre-vingts ans, a la tête tranchée d'un coup de hallebarde, et son corps est jeté dans un lieu d'aisance.

On enferme une trentaine de catholiques dans la maison d'un bourgeois nommé Papin. Plusieurs sont attachés deux à deux : on les prive de toute nourriture pour que la rage causée par la faim les pousse « à s'entre-dévorer ». Mais ils périssent de langueur. D'autres, placés sur des cordes tendues, sont sciés en deux. D'autres sont attachés à des pieux et brûlés à petit feu.

A Chasseneuil, près d'Angoulême, ils prennent un saint prêtre, Loys Frayard, lui plongent les mains dans une chaudière d'huile bouillante si longtemps que sa chair tombe en lambeaux. Ils lui versent dans la bouche de l'huile bouillante et l'achèvent à coups d'arquebuse.

A Rivières, ils saisissent un prêtre, lui arrachent la langue *par-dessous* le menton et le massacrent.

Deux prêtres sont pendus par un pied dans une cave, restent longtemps dans cet état. Enfin, on leur tranche la tête. A Beaulieu, un autre prêtre, maître Pierre, est *enterré vivant* jusqu'à la tête.

« En la ville de Houdun, au diocèse de Chartres, les hérétiques tombèrent sur un prêtre pendant qu'il disait la messe. Ils le frappèrent au visage de gantelets et lui donnèrent des coups de poignard... Cependant le patient, ayant le visage tout meurtri et le corps tout sanglant, continua le saint sacrifice jusqu'à la communion. Alors, ils lui arrachèrent des mains le précieux Corps de Notre-Seigneur, et, le jetant par terre, ils le foulèrent aux pieds. Ils en firent de même avec le calice... Puis ils attachèrent ce bon prêtre au crucifix et l'arquebusèrent. »

Au village de Pat, près d'Orléans, vingt-cinq catholiques se réfugient dans l'église. Les huguenots y mettent le feu. Plusieurs enfants montent dans le clocher ; puis, poursuivis par les flammes, ils se précipitent en bas. Les huguenots les prennent et les rejettent dans le feu, où ils meurent.

A Saint-Macaire, en Gascogne, ils « taillent à coups d'épée les enfants des catholiques ».

A Mancina, ils arrêtent un prêtre fort âgé, lui coupent des morceaux de chair, les font rôtir, le forcent à les manger lui-même. « Voulant voir comment il les digérait, ils lui ouvrirent l'estomac et mirent ainsi fin à ses jours. »

Plusieurs autres prêtres ont les oreilles et le nez coupés et les yeux arrachés. On ouvre le ventre à l'un d'eux *encore vivant,* on le remplit d'avoine, on en fait une crèche pour les chevaux !

Dans sa livraison du 1ᵉʳ juillet 1885, la *Revue des questions historiques* signale l'ouvrage dont nous parlons et ajoute :

« *Nous voudrions espérer* qu'en détaillant ces raffinements de barbarie, l'auteur de ce livre en a exagéré l'horreur, *mais les noms de ces malheureuses victimes ont été conservés dans des chroniques locales* que n'ont jamais consultées les admirateurs de Coligny (1). »

Nous laissons au lecteur le soin de conclure cette fois.

(1) Revue citée, 38° vol., 1885. 2. *Le caractère de Coligny*, p. 204.

CHAPITRE III

La Saint-Barthélemy.

I. — LA COUR ET LES HUGUENOTS

Outre les causes déjà expliquées, la politique désastreuse de Catherine de Médicis et la faiblesse de Charles IX ont amené la Saint-Barthélemy.

Nous avons exposé l'état lamentable de la France, divisée, ravagée, trahie par le parti huguenot.

Comment expliquer cette force envahissante, cette audace des réformés, qui en sont venus à constituer un Etat dans l'Etat, pour la ruine du catholicisme et le règne du calvinisme en France ? Comment les victoires des chefs catholiques n'ont-elles pas arrêté ce flot impur et dévastateur ?

La politique déplorable de la reine-mère et la faiblesse du jeune roi Charles IX expliquent cette puissance de l'invasion protestante dans le royaume très chrétien.

Déjà, sous François Ier et sous Henri II, la Réforme n'avait pas été suffisamment entravée.

François Ier avait montré, vis-à-vis des protestants, une indulgence excessive. Il fallut une attaque publique contre l'adoration du Saint Sacrement, la mutilation, à Paris, d'une statue de la sainte Vierge, enfin des placards contre la messe affichés dans la chambre même du roi, pour provoquer des mesures de répression. Sous Henri II, les protestants éludaient les mesures prises contre eux. Faible d'abord, le roi comprit enfin le danger qui menaçait à la fois le trône et l'autel. « Partout où les nouvelles doctrines étaient prêchées, disait-il lui-même, l'autorité royale devenait incertaine, et l'on courait risque de tomber en une sorte de république. »

Sous François II (1559-1560), et sous Charles IX (1560-1574), c'est Catherine de Médicis qui gouverne ou veut gouverner sous le nom de ses fils.

Citons la *Revue des questions historiques* : « Sous François II et Charles IX, Catherine de Médicis mit en honneur, dans la conduite des affaires, un machiavélique et dangereux système de bascule, qui consistait à effacer les uns par les autres, au moyen de la ruse ou de la force, les défenseurs et les ennemis du catholicisme, système impossible autant que dangereux ; impossible, puisque nulle part les idées de conciliation et de tolérance en matière de religion n'étaient acceptées ; dangereux, parce qu'à force de ménager les partis contraires, on arrivait infailliblement à les réunir contre soi, à nécessiter les réactions violentes, *à sortir de la confusion et du chaos par les catastrophes* (1). »

(1) *Revue des questions historiques*, I. 1866, I, p. 26.

Cette politique fatale, qui amena la Saint-Barthélemy, était celle du tiers-parti. Le trop célèbre chancelier de l'Hôpital en était l'inspirateur au début du règne de Charles IX. Il ne voulait rien moins que fondre en une seule les deux religions catholique et calviniste, en se passant du Pape bien entendu. Tel était le but du *colloque de Poissy*, dû aux intrigues de ce singulier pacificateur, de Catherine de Médicis et des chefs de la Réforme. Théodore de Bèze et les autres délégués calvinistes, dit M. Buet, « ressentirent un gonflement de vanité et une inspiration d'orgueil en se voyant appelés à discuter les doctrines théologiques avec des évêques et des cardinaux (1) », et en présence du jeune roi !

A cette époque déjà, les réformés étaient reçus à la cour, qui se trouvait bien près, dit M. Buet, « de devenir hérétique ». Marguerite de Valois raconte, dans ses *Mémoires*, la résistance qu'elle fit pour conserver sa religion à une époque où « toute la cour était infectée d'hérésie (2) ».

La plus grande responsabilité en revient à la reine-mère, qui recevait elle-même au Louvre, le 23 août 1561, l'infâme Théodore de Bèze, désigné par Calvin pour son successeur !

Le roi Charles IX n'avait alors que onze ans.

La politique de conciliation avec le parti calviniste explique comment, par l'édit de janvier (1562), elle assure aux réformés le libre exercice de leur culte sous des conditions destinées à garantir l'ordre public (!). Ils peuvent désormais

(1) *François de Guise*, par Ch. Buet, p. 194.
(2) *Ibid.*, p. 196.

tenir des prêches hors des villes, c'est-à-dire répandre dans les campagnes l'hérésie et la sédition. Ils veulent davantage, et, quatre mois après, ils font une prise d'armes générale.

Fidèle à sa politique, la reine-mère conclut, en 1570, la paix de Saint-Germain. Après les victoires de l'armée catholique à Jarnac et à Moncontour, elle accorda aux protestants de tels avantages que les catholiques « se crurent trahis ». Quatre places de sûreté, La Rochelle, La Charité, Montauban et Cognac, leur étaient livrées pour deux ans. *Ils pourraient exercer librement leur culte hors de Paris et de la résidence de la cour. Ils seraient admis à tous les emplois*, etc.

La royauté « capitula comme un vaincu (1) ». Le pire est que Coligny lui-même faisait exécuter l'édit comme il l'entendait. Il avait des pensions, des honneurs, une garde de cinquante gentilshommes ; toutes ses demandes étaient satisfaites, il était de tous les conseils (2).

On voit à quel péril était exposée la religion catholique. Aussi le pape saint Pie V déplora la paix de Saint-Germain dans une lettre adressée au cardinal Charles de Bourbon. En voici le début :

« Votre prudence vous fera comprendre, plus facilement que nous ne pouvons l'exprimer par des paroles, l'amertume dont nous avons été abreuvé à la nouvelle de cette pacification. Nous ne pouvons, en effet, sans verser des larmes, songer combien elle est déplorable pour nous et tous les gens de bien, combien elle est dangereuse et

(1) Revue citée, p. 48.
(2) *Ibid.*, p. 51.

de combien de regrets elle sera la source. Plût à Dieu que le roi eût pu comprendre ce qui est très vrai et très manifeste, c'est-à-dire qu'il est exposé à de plus grands dangers depuis la conclusion de cette paix par les menées sourdes de la fourberie de ses ennemis, qu'il ne l'était durant la guerre.

« Aussi faut-il craindre que Dieu n'ait abandonné le roi lui-même et ceux qui l'ont conseillé à leur sens réprouvé, de manière que, voyant, ils ne vissent pas, qu'entendant, ils n'entendissent pas ce qu'ils auraient dû voir et entendre (1). »

Le Souverain Pontife dit très justement que les *menées sourdes de la fourberie des huguenots* sont plus redoutables que la guerre même. Il voit juste.

Arrachons au loup sa peau de brebis. Qu'entendaient les huguenots, quand ils réclamaient la *liberté de conscience* (2), tantôt avec une feinte modération, tantôt avec cris et menaces ? En apparence, ils demandaient *l'exercice public du culte protestant*. En réalité, ils visaient plus loin. Nous avons prouvé que les protestants n'usaient jamais, dans aucun pays, de la liberté prise ou accordée, que pour asservir et exterminer le culte catholique.

En demandant *la liberté de conscience*, ils faisaient les bons apôtres, gagnaient du temps,

---

(1) On trouve cette lettre tout entière de Pie V parmi les pièces justificatives citées par Ch. Buet à la fin de son ouvrage, *l'Amiral de Coligny*. La *Revue des questions historiques* (I, 1886, 1) en cite les principaux extraits (page 367). Nous la reproduisons en entier à la fin de notre brochure.

(2) Coligny, dans une requête, avait demandé la liberté de conscience *dans chaque ville*. Il avait ajouté insolemment qu'il pouvait appuyer sa requête de 15.000 hommes.

prenaient position, et travaillaient sans relâche, tantôt sourdement, tantôt ouvertement, à réaliser le programme complet de la Réforme.

En 1561, à l'occasion du colloque de Poissy, le cardinal Borromée avait écrit à l'archevêque de Viterbe, nonce apostolique, une lettre où il lui donnait des instructions de la part du pape Pie IV. « Sa Sainteté, disait le cardinal Borromée, pense encore que la voie de douceur et de conciliation.. n'est ni la plus sûre, ni la meilleure pour arriver à quelque bien. Il est mieux de leur tenir tête (aux huguenots), *a mostrare loro il viso... La bonté et la courtoisie n'ayant jusqu'ici servi qu'à rendre les hérétiques plus audacieux* (1). »

Qu'on veuille bien rapprocher de cette lettre de direction au nonce, écrite en 1561, la lettre de Pie V, successeur de Pie IV, écrite *neuf ans plus tard* au cardinal de Bourbon. Nous avons cité celle-ci plus haut. De 1561 à 1570, à la paix néfaste de Saint-Germain, quel terrain avaient gagné les huguenots ! Et leur puissance croissait chaque jour, avec leur audace, grâce aux concessions de la cour.

Leur accorder l'exercice public de leur culte, c'était les autoriser, en fait, sinon en droit, à ruiner la foi, à changer la religion de la France ; c'était favoriser leur rébellion contre le pouvoir légitime. Nous renvoyons le lecteur aux chapitres précédents, qui l'ont prouvé d'après l'histoire, et non d'après les préjugés à la mode.

---

(1) Lettre du 17 octobre 1561. Archives secrètes du Saint-Siège. Voir Ch. Buet, *François de Guise*, p. 196.

Non, cette prétendue *liberté de conscience* ne devait pas être accordée aux huguenots.

Sans doute, Catherine de Médicis n'avait pas à punir, n'avait pas à rechercher les gens paisibles qu'aurait pu séduire l'erreur. Mais c'est le lieu de rappeler nos conclusions des deux premiers chapitres, et surtout celle-ci :

Tout gouvernement chrétien ayant le droit et le devoir de protéger la religion de Jésus-Christ, et, pour cela d'abord, ayant reçu de Dieu le glaive de la justice, avait le droit et le devoir de s'opposer, même par la force, à l'envahissement de la Réforme.

Il ne fallait pas assassiner. Il fallait agir, combattre, repousser énergiquement la violence, déjouer la ruse et punir la trahison.

Catherine ne l'a pas compris. Elle a laissé croître, par politique, la force et l'arrogance des huguenots. Ils ont usurpé son autorité, ils ont dépassé la limite qu'elle voulait leur assigner. Alors elle s'est vengée par un assassinat ; elle ne voyait pas d'autre voie pour remonter au pouvoir.

Arrivons au mois d'août 1572, aux préludes de la Saint-Barthélemy.

II. — L'ENTREVUE DE MONTPIPEAU ET L'ARQUEBUSADE DU 22 AOUT

C'est l'affaire de la guerre d'Espagne qui pousse à bout la reine-mère et la décide à faire assassiner l'amiral.

Au commencement d'août 1572, l'amiral de Coligny est l'homme le plus puissant et le mauvais génie du royaume de France. Le jour de son arrivée à Blois (18 septembre 1571), Charles IX, voyant l'amiral s'agenouiller, « l'avait relevé affectueusement, lui avait serré la main, l'avait appelé son *père*, en lui disant : *Nous vous tenons maintenant, vous ne nous échapperez plus* (1) ». Et le roi était « entré à Paris avec l'amiral à sa droite ».

Pour assurer le triomphe de la Réforme, Coligny veut la guerre ouverte avec l'Espagne. C'est la France qui doit frapper le grand coup. Une fois la catholique Espagne abattue par elle, Coligny, plus puissant que jamais, livrera aux calvinistes le royaume de Clovis et de saint Louis.

Si Coligny l'eût emporté, la France devenait « le premier agent d'une insurrection politique et religieuse qui tendait à ne rien laisser debout, dans le monde, de ce que l'Eglise avait fondé (2) ».

Assurément, ce point de vue ne touchait pas Catherine de Médicis. Elle s'opposa énergiquement à la guerre d'Espagne, *parce qu'elle était épouvantée de l'ascendant de l'amiral.*

Sous l'inspiration de celui-ci, la cour de France avait déjà soutenu l'insurrection des Pays-Bas contre Philippe II, roi d'Espagne. Coligny avait offert à Charles IX 3.000 hommes pour soutenir Mons, assiégé par le duc d'Albe et l'armée espagnole. « Sire, s'écria ce jour-là le maréchal de

---

(1) *Mémoires de l'Estat de France sous Charles IX. Revue des questions historiques*, I, 1866, I, p. 52.
(2) Revue citée, p. 66.

Tavannes indigné, celui de vos sujets qui vous porte de telles paroles, *vous devez lui faire trancher la tête !* » Le roi cède, le secours est envoyé, il est conduit par des officiers protestants.

Le duc d'Albe est vainqueur, Coligny veut une revanche. Il lève encore 3.000 hommes, en promet 15.000 au prince d'Orange. C'est la guerre ouverte avec l'Espagne qu'il veut insolemment. « Il commande, il agit en maître », écrit La Popelinière, auteur protestant.

Catherine de Médicis est désespérée, elle va trouver Charles IX à Montpipeau, se jette à ses genoux tout en larmes, lui montre que les huguenots sont les maîtres du royaume, que l'amiral « est plus roi que le roi », lui demande la permission de se retirer avec le duc d'Anjou.

Le roi est ému, vaincu par les pleurs de sa mère. Il promet de lui obéir ; mais Coligny reprend vite son ascendant. C'est une lutte acharnée entre la reine-mère et l'amiral ; celle-là veut la paix, celui-ci veut la guerre.

C'est alors que, pour en finir, Catherine arme le bras d'un assassin.

« L'amiral, écrit le nonce Salviati, avait pris tant d'empire sur le roi qu'il gouvernait presque, et qu'ils décidaient à eux deux la plupart des affaires... à la grande jalousie de la reine-mère, qui s'entendit secrètement avec Mme de Nemours (mère du duc de Guise), et le meurtre de l'amiral fut résolu... le coup d'arquebuse fut tiré du consentement du duc d'Anjou, mais à l'insu du roi. »

Charles IX ignora, en effet, ce complot. L'entente eut lieu entre la reine-mère, le duc d'Anjou, le duc Henri de Guise et sa mère.

La veuve et le fils de François de Guise ne pardonnaient pas à Coligny sa complicité dans l'assassinat du duc François, par Poltrot de Méré, au siège d'Orléans.

Le 22 août, Coligny revient du conseil. Il rentre à son hôtel et passe devant une fenêtre grillée, qui dissimule une arquebuse (1). Le coup part, l'amiral est blessé à l'aisselle. Une autre balle lui casse un doigt (2).

Charles IX est au jeu de paume quand on lui annonce l'attentat. Il se met en colère, se rend aussitôt chez l'amiral, lui prend la main, le console, jure de le venger. Catherine de Médicis et le duc d'Anjou sont présents... Coligny parle secrètement au roi ; mais Catherine et le duc s'approchent, rompent l'entretien.

Le roi donne des ordres pour que l'assassin soit arrêté ; il offre de faire transporter l'amiral au Louvre. Le samedi 23, il demande d'heure en heure des nouvelles du blessé.

A midi, le duc de Guise et le duc d'Aumale lui font dire que leurs services paraissant lui déplaire, ils sont prêts à quitter la cour. Charles répond « avec un mauvais visage et des paroles pires », ajoutant des menaces au cas où ils seraient trouvés coupables. Ils vont s'enfermer dans

(1) Cette fenêtre était au rez-de-chaussée d'une maison du Cloître Saint-Germain-l'Auxerrois. Coligny passait dans la rue des Fossés-Saint-Germain-l'Auxerrois, lisant une lettre. Son hôtel était rue de l'Arbre-Sec. (Ch. Buet, *l'Amiral de Coligny*, p. 291.)

(2) L'assassin se nommait Tosinghi ou Maurevel. Les auteurs sont partagés.

l'hôtel de Guise. Puis le roi, sur la demande des huguenots, adjoint cinquante arquebusiers à la garde de sûreté qu'il a envoyée, la veille, à l'amiral.

Cependant Catherine de Médicis est de plus en plus anxieuse. En sortant de la chambre de l'amiral, Charles IX lui a jeté ces paroles : « Ce que dit l'amiral est bien vrai ! tout le maniement des affaires d'Etat est entre vos mains et celles de mon frère, mais j'y prendrai garde, comme m'en a averti, avant de mourir, *mon meilleur et plus fidèle sujet.* »

Ainsi parlait Charles IX de Coligny.

Le crime a été inutile. Catherine de Médicis a manqué son premier coup ; elle va en frapper un autre : cette fois, elle armera Charles IX lui-même.

Les huguenots, de leur côté, sont furieux de la blessure de l'amiral. Ils menacent. Les relations du duc d'Anjou et de Tavannes montrent que la guerre civile était imminente. Marguerite de Valois, dans ses *Mémoires*, parle d'un complot qui *mettait en danger la vie même du roi*. Malgré ces divergences de détails, il est certain, d'après les plus graves témoignages : 1° que si l'attentat contre Coligny, le 22 août, avait réussi, « personne, pas même Catherine, n'aurait voulu d'autres meurtres (1) » ; 2° que le Conseil où fut décidé **le meurtre de l'amiral et de ses principaux adhérents** *ne voulait pas le massacre général des huguenots et n'y songeait même pas.* Ce conseil fut

---

(1) Revue citée, p. 81.

tenu entre la reine-mère, le duc d'Anjou et quelques chefs catholiques ; 3° que, cette décision prise, la reine-mère alla trouver Charles IX, lui montra le péril imminent où il était et le conjura de faire périr Coligny avec les chefs les plus influents du parti huguenot.

Le roi résiste, mais à la fin, effrayé, exaspéré, il déclare avec colère qu'il veut le meurtre, non seulement de quelques huguenots, mais de tous.

C'est alors que, **pour la première fois**, dans un accès de fureur, **un massacre général des huguenots** est demandé, **ordonné par le roi**.

Le lendemain 24 août, à 2 heures du matin, quand le tocsin donnera le signal, le roi, par un contre-ordre, défendra le massacre général, et même *le meurtre de Coligny* (1).

Ces détails, sans excuser le roi, montrent du moins que la Saint-Barthélemy n'a pas été préméditée.

III. — Le 24 aout et les massacres.

Le duc Henri de Guise, préposé à l'exécution, doit commencer par le meurtre de l'amiral. Sur l'initiative du duc d'Anjou et des autres membres du Conseil, Marcel, ancien prévôt des marchands, recrute des capitaines de quartiers, des gardes du roi et des sicaires. Des gens sans aveu, prêts à toute besogne, disposés à satisfaire la soif du pillage ou des vengeances personnelles, vont se joindre à eux.

(1) Revue citée, p. 81 et 94.

Les *Mémoires de l'Estat de France*, relation d'un huguenot exalté, disent que le roi s'occupa directement et activement d'organiser le massacre. Le maréchal de Tavannes, dans ses *Mémoires*, et l'ambassadeur Michieli partagent cette opinion. Une étude approfondie des diverses relations et des documents les plus sûrs prouve que c'est là une exagération. Le roi se contenta d'appeler Charron, le prévôt (actuel) des marchands, lui annonça qu'il fallait se tenir en garde contre une conspiration des huguenots, et assurer, avec la sécurité publique, la défense de la ville. C'étaient des mesures préventives.

Néanmoins, l'ordre était donné. Il fut exécuté.

Sans attendre le tocsin, le duc de Guise enfonce, avec ses gens, la porte de l'amiral. Les sicaires montent dans sa chambre, le duc de Guise attend dans la cour. Coligny est tué à coups d'épieu et de dague, son corps jeté par la fenêtre devant le duc de Guise (1).

Le tocsin sonne. Le roi et la reine-mère ont peur, l'ordre est révoqué, mais il est trop tard. Le massacre commence. « La résolution de tuer seulement les chefs, » dit Tavannes dans ses *Mémoires*, est enfreinte. Toute la matinée, « le sang et la mort courent les rues ». A midi, ordre plus instant du roi de cesser le carnage. Le prévôt des marchands et les échevins parcourent la ville ce jour-là et les jours suivants ; mais il n'est pas facile d'arrêter la colère populaire une fois déchaî-

---

(1) Ch. Buet, dans *l'Amiral de Coligny*, donne tous les détails de l'assassinat de Coligny, d'après le protestant Dargaud. Tout ce que dit ce dernier n'est pas absolument prouvé.

née. Le massacre dure plusieurs jours. La plupart des cadavres sont jetés dans la Seine.

Ce n'est pas la foi, ce n'est pas le zèle de la vraie religion qui conduit les poignards et les dagues.

Parmi les tueurs, les uns pensent arrêter, par la violence, un complot contre l'Etat. Les autres obéissent à une passion aveugle, la colère, la haine ou la vengeance. D'autres sont des bandits de profession et veulent avant tout piller.

Si le peuple, en partie, prit part aux massacres, il obéit, dit M. Ch. Buet, « à une irrésistible impulsion, née de la haine contre le parti protestant qui menaçait la sécurité des personnes, suscitait les guerres civiles, ruinait la fortune publique, mettait en danger, d'une façon permanente, l'ordre social (1) ».

M. Lavallée, lui aussi, est forcé d'avouer, en s'appuyant sur l'évidence des faits, que le peuple regardait les protestants comme des sacrilèges, des infidèles, des sauvages qui voulaient détruire toute société (2).

D'ailleurs, la déplorable faiblesse de Catherine de Médicis et de Charles IX, d'une part, l'insolence et les excès des huguenots et de Coligny, de l'autre, avaient poussé à son comble l'exaspération populaire.

La nouvelle d'un carnage des huguenots à Paris se répand dans les provinces. A mesure qu'elle se propage, elle provoque d'autres tueries. Les mas-

---

(1) *L'Amiral de Coligny*, p. 317.
(2) Le peuple « les prit pour des barbares et les traita comme tels ». Lavallée, I, p. 580. Revue citée, p. 52.

sacres ont lieu à Meaux le 25 août, à Saumur et Angers le 29, à Lyon le 30, à Troyes le 2 septembre, à Bourges le 15, à Rouen le 17, à Romans le 20, à Toulouse le 23, à Bordeaux le 3 octobre, à Poitiers le 27.

La diversité de ces dates est une nouvelle preuve que la Saint-Barthélemy n'a pas été préméditée. Un massacre prévu et préparé de longue main aurait eu lieu le même jour.

Passons au nombre total des victimes. Il a été prodigieusement exagéré. Sully en compte 70.000, Davila 40.000, de Thou 30.000. Mais La Popelinière, écrivain calviniste contemporain de la Saint-Barthélemy, descend à 2.000. Le *Martyrologe protestant* en compte 15.168. Voici son tableau, reproduit, d'après Caveirac, par M. Lefortier dans son ouvrage : *La Saint-Barthélemy* (1).

VILLES	Nombre général des victimes	Nombre de celles qui sont nommées
Paris	En bloc 10.000. En détail 468	152
Orléans	1.850	156
Meaux	225	30
Troyes	37	37
Bourges	23	23
La Charité	20	10
Lyon	1.800	144
Saumur et Angers	26	8
Romans	7	7
Rouen	600	212
Toulouse	306	8
Bordeaux	274	7
Total	15.168	786

(1) Page 110.

Citons maintenant la *Revue des questions historiques* (1) :

« Les erreurs du *Martyrologe* sont évidentes. Caveirac les a parfaitement relevées. Quoi donc ! A Paris, 10.000 morts en bloc, 468 en détail : somme toute, *786 nommés sur un chiffre de 15,168.* Et cela malgré les scrupuleuses recherches d'un zèle officieux et presque officiel qui avait à offrir des *acta sanctorum* à la vénération présente et à venir de la secte ! »

Faut-il cependant, comme le veut Caveirac, accepter pour *maximum,* avec La Popelinière, le chiffre de 2.000 ?

La *Revue* ne le pense pas. « On sait ce qui arrive dans les tumultes populaires : bien des victimes sont à jamais inconnues. »

Concluons avec la savante *Revue* :

« **A tout prendre, et en rapprochant le chiffre de 2.000, adopté par l'impartial La Popelinière, du tableau de l'auteur du *Martyrologe*,** *il est permis de ne pas élever le total beaucoup au-dessus de ce nombre (2.000). C'est assez pour réduire à leur juste valeur les exagérations de quelques catholiques et de beaucoup de protestants : c'est insuffisant pour satisfaire tout à fait la légitime curiosité de l'histoire.* »

On a dit que le roi avait tiré sur les huguenots par une *fenêtre* de sa chambre. Rien n'est moins prouvé. Le *Réveille-matin*, pamphlet protestant sans autorité, a publié ce fait le premier, un an après l'événement de la Saint-Barthélemy, comme

(1) Page 318.

une simple rumeur. C'est sans doute un racontar lancé par les huguenots.

Papyre Masson dit que le roi alla se repaître, à Montfaucon, des restes mutilés de Coligny et dit : l'odeur d'un ennemi mort est douce... C'est *une pure invention*. Voltaire lui-même avoue que « c'est un ancien mot de Vitellius qu'on s'est *avisé* d'attribuer à Charles IX. »

CHAPITRE IV

L'ÉGLISE N'EST PAS RESPONSABLE DE LA SAINT-BARTHÉLEMY

Cette vérité ressort incontestablement des chapitres qui précèdent. Nous avons établi que la Saint-Barthélemy est un crime d'Etat. Les attentats des huguenots, une politique désastreuse, les passions humaines, en sont les véritables causes. Cependant les calomnies contre l'Eglise catholique, rendue responsable du carnage des huguenots, ont été répandues et le sont encore avec une telle profusion, qu'il est nécessaire d'y répondre directement.

Première objection. — L'Eglise romaine est responsable des crimes des catholiques. Or, la Saint-Barthélemy est le massacre des protestants par les catholiques. Donc, l'Eglise en répond. D'ailleurs le clergé a encouragé le meurtre des huguenots. MM. Audin, Dargaud, Voltaire, Prévost-Paradol, H. Martin et beaucoup d'autres, le disent formellement.

Réponse. — 1° L'Eglise est responsable seulement des actes qu'elle a légitimement *voulus et inspirés*. Or, elle n'a ni inspiré ni voulu en aucune manière la Saint-Barthélemy. Tous les auteurs qui l'ont accusée ont fait preuve de mauvaise foi ou d'ignorance. Les faits avancés par eux ne reposent sur aucun fondement historique.

2° Le clergé n'a pris aucune part à la Saint-Barthélemy. Si des prêtres ou des moines eussent assisté aux réunions qui ont précédé ou préparé soit la tentative contre Coligny, soit le massacre du 24 août, que pourrait-on en conclure contre l'Église ? Absolument rien, et notre première réponse garderait toute sa force. *Or, en fait, aucun prêtre, aucun moine n'y assista.*

3° Parmi les meurtriers, on ne vit ni religieux ni ecclésiastique. Pas un seul à Paris. A peine, en province, trouve-t-on, mêlés aux récits des massacres, les noms de quelques membres du clergé. Si ces accusations, lancées par des protestants, étaient justes, elles ne détruiraient pas notre thèse, et on serait peu logique en les reportant contre l'Église.

Mais la critique en a fait bonne justice. Elle a montré que plusieurs des faits allégués étaient absolument faux et les autres au moins douteux.

M. Audin, par exemple, se prodigue lui-même en décrivant une scène de fanatisme : Le cardinal des Ursins revient de Rome avec pleins pouvoirs pour exterminer les huguenots qui ont échappé à la Saint-Barthélemy ! A Lyon, devant l'archevêché, il donne au peuple, sans confession et sans exiger le moindre repentir (au contraire !), *l'absolution du sang hérétique qu'il a versé*. Cette absolution se donne quand le légat tend la main droite et les *bénit*. Cette aventure est de pure fantaisie.

Pas plus que lui, M. Dargaud ne nous dit où il a puisé l'histoire de ces moines impitoyables qui, à Lyon, dépassent le gouverneur en cruauté : suivis du peuple, ils précipitent dans les eaux du fleuve les cadavres des huguenots. « Inutile d'observer, dit la *Revue des Questions historiques*, que ce conte burlesque n'est dans aucune chronique digne d'être vue (1). »

M. de Montfalcon, conservateur de la Bibliothèque de Lyon, n'est pas favorable aux catholiques dans son livre des *Guerres de religion à Lyon*. Il est pourtant contraint d'avouer que le clergé ne prit aucune part, même indirecte, aux massacres de cette ville. A Lyon, les tueurs furent tous ou presque tous des gens sans aveu, sortis de la lie du peuple.

4° Le clergé remplit, pendant les massacres, le rôle qui lui revient. Au lieu de frapper, il sauve. Les couvents de Toulouse servent d'asile aux calvinistes. L'évêque de Lisieux empêche lui-même des protestants d'être massacrés. Les catholiques de Romans délivrent cinquante-trois détenus sur soixante. Sept seulement périssent ; ils ont porté les armes. A Nîmes, où les huguenots ont massacré les catholiques le jour de la Michelade, les catholiques protègent les huguenots.

5° Certains auteurs protestants ont rendu justice à l'Église. La *Revue d'Edimbourg* reconnaît que le Pape et les prêtres ne sont pas responsables (2). « C'est une injustice, écrit Mackintosch, d'accuser de ce crime la *religion* des politiques *romains* (3). »

(1) I, 1886, I, p. 371.
(2) *Edimburg Review*, 1838, ap. Monaghan, p. 82.
(3) *Histoire d'Angleterre*, t. IV, p. 361.

Deuxième objection. — A Paris, les assassins portaient une *croix* blanche. — Le cardinal de Lorraine a béni les poignards de la Saint-Barthélemy.

Réponse. — La croix blanche n'était qu'un signe de ralliement. — La bénédiction des poignards par le cardinal de Lorraine est une fable. Le cardinal était à Rome à l'époque de la Saint-Barthélemy. Cette calomnie est mise en scène dans la tragédie de M. J. Chénier, *Charles IX*, et dans le libretto de l'opéra de Scribe, *Les Huguenots*. Elle n'a aucun fondement dans l'histoire.

Troisième objection. — Le Pape s'est entendu avec le roi de France pour l'exécution des huguenots. Après la Saint-Barthélemy, il a chanté un *Te Deum*, s'est rendu, en procession solennelle, de l'église Saint-Marc à Saint-Louis des Français. Il a fait frapper une médaille commémorative du massacre, représentant l'ange exterminateur. Donc, « si la pointe du poignard frappa à Paris, la poignée était à Rome, on sait dans quelles mains ». Cette conclusion est celle du *Bulletin de la Société de l'Histoire du Protestantisme français* (1).

Réponse. — La première partie de l'objection, celle qui vise une entente du Pape et du roi, est absolument fausse. La deuxième s'appuie sur des faits qui sont vrais, mais dont le sens est dénaturé. La conclusion est absurde.

Notre réponse comprendra deux parties. Nous verrons d'abord brièvement quelle fut l'attitude du Pape avant le 24 août. Nous donnerons ensuite

---

(1) T. III, p. 142-143.

l'explication du *Te Deum*, de la procession et de la médaille.

1° Rappelons que le Saint-Siège fut occupé par saint Pie V, de 1566 à 1572 (1). Grégoire XIII lui succéda l'année même de la Saint-Barthélemy, quelques mois avant le massacre.

En vrai pasteur de l'Eglise universelle, Pie V comprit et dénonça le danger de l'hérésie. Pouvait-il laisser les loups dévaster le troupeau de Jésus-Christ ? Ne devait-il pas avertir les princes catholiques ? Faut-il admettre que Pie V prépara, de concert avec la cour de France, le massacre des huguenots ? L'histoire proteste contre cette calomnie digne de Voltaire, de H. Martin, et de ceux qui les ont ou inspirés, ou servilement copiés. C'est le contraire qui est vrai. Si le roi de France avait écouté les avis du Pape et imposé silence au tiers-parti ; si la cour, au lieu de pactiser avec les huguenots, avait suivi une politique franchement catholique, l'erreur ne serait pas devenue impérieuse et presque souveraine. *Le pouvoir n'aurait pas été acculé à la Saint-Barthélemy*, comme au fond d'une impasse, par sa coupable complaisance envers les ennemis acharnés de la religion et de l'Etat.

Jamais Pie V ne conseilla de massacrer ou de torturer des gens inoffensifs, fussent-ils huguenots. Jamais il ne conseilla le crime qui eut lieu le 24 août, sous le pontificat de son successeur. Sa conduite est ainsi résumée par la *Revue des Questions historiques* :

---

(1) Pie V mourut le 1ᵉʳ mai.

« *Interdire l'exercice des fausses religions, parce qu'elles étaient séditieuses non moins qu'hérétiques ; les combattre vigoureusement sur les champs de bataille après leurs prises d'armes ; n'imposer à personne les croyances orthodoxes, et ne demander les conversions qu'à la science et à la charité catholiques. C'était là tout le programme religieux et social des Papes. Il fut celui de saint Pie V, à qui les libres-penseurs ont été, pour la plupart, et sont encore hostiles sans justice* (1). »

Quand Charles IX monta sur le trône, Pie V le prévint « que les menées de l'hérésie, en désolant l'Eglise, ébranleraient son autorité royale (2) ». Quand les huguenots déchaînèrent en France les guerres civiles, Pie V engagea le roi Charles, au nom de la justice, à châtier les rebelles, à se montrer « le juste exécuteur des décrets de Dieu même (3) ».

Son but, pour la défense de l'Eglise, était d'unir les peuples catholiques contre les puissances protestantes ; de rallier, dans une ligue, les rois de France et d'Espagne et les princes d'Italie.

Ces derniers, à la demande de Pie V, lèvent des troupes qui renforcent celles du Pape, et, sous le commandement de Sforzia, comte de Santa-Fiore, viennent en France, au secours de l'armée catholique. Les soldats pontificaux se battent vaillamment contre les huguenots à Jarnac et décident

---

(1) Revue citée, I, 1886, I, p. 365.
(2) *Ibid.*
(3) *Vie de S. Pie V*, par de Falloux, I, p. 208.

la victoire de Moncontour (1). Ils prennent aux hérétiques vingt-sept drapeaux, que Pie V fait suspendre dans la basilique de Saint-Jean de Latran.

La politique lâche et coupable de Catherine et de la cour rend inutiles les victoires des catholiques. Grande est la douleur du Souverain Pontife. Il écrit à Charles IX, l'engage vivement à dissiper « les restes de cette lutte intestine, à venger les injures de la couronne et celles du Dieu tout-puissant, *à consolider, pour ses successeurs autant que pour lui-même, le royaume ébranlé par la conjuration la plus criminelle qu'ait ourdie la perversité des méchants* (2). »

Pie V écrit, dans le même sens, à Catherine de Médicis le 25 janvier 1570 ; puis une deuxième lettre à Charles IX le 23 avril de la même année. Ses efforts sont vains. La paix de 1570 est conclue malgré lui. Nous avons vu plus haut en quels termes il la déplore, dans une lettre qu'il adresse au cardinal de Bourbon. Pourquoi pas au roi ou à sa mère ? Parce que, à la cour, on ne l'écoute pas...

Que devient la prétendue entente? Le Souverain Pontife était non seulement étranger, mais formellement opposé à la politique de bascule qui amena le massacre du 24 août. Pie V voulait le triomphe de la vérité, de la justice, de l'ordre, sur l'hérésie rebelle et sacrilège, funeste à l'Église et à l'État.

---

(1) Ce fut la cavalerie de Santa-Fiore, dit M. Farochon, qui la décida, en taillant en pièces l'infanterie allemande, dont il n'échappa que 300 hommes sur 4.000. (Lépante, p. 41, édition Firmin-Didot.)
(2) Voir cette lettre dans la *Vie de S. Pie V*, par de Falloux, p. 227 et suivantes.

Malgré les avis pressants du Pape, la cour va de concession en concession, jusqu'au jour où Catherine, voyant tout perdu, et voulant ressaisir le pouvoir, paye un assassin, manque son coup, recommence, et obtient du roi irrité plus qu'elle ne voulait, un massacre des huguenots.

Ce n'était pas la voix du Pape qui inspirait la cour, mais celle de Coligny. L'amiral ne se bornait pas à entraîner Charles IX dans une voie foncièrement opposée à celle que conseillait Pie V. Pour perdre le saint Pape dans l'estime du roi, l'amiral de Coligny osa inventer contre Pie V une calomnie abominable (1). Ce misérable était capable de tout.

En 1572, Grégoire XIII succède à Pie V. Les auteurs s'accordent à louer sa douceur et sa patience. Il est certain qu'il n'eut d'avance aucune connaissance du massacre. Nous avons prouvé ailleurs que le crime du 24 août fut décidé subitement. H. Martin, qui croit ou feint de croire à la préméditation, veut bien reconnaître que Grégoire XIII, « loin de seconder les intrigues qui précédèrent la Saint-Barthélemy, *ne les connut même pas* ». Ce témoignage rendu par un adversaire nous dispense d'accumuler ici les preuves.

2° Répondons maintenant à l'argument tiré du *Te Deum*, chanté à Rome, de la procession faite

---

(1) Voir la Revue citée, p. 366. « Coligny le redoutait (le Pape). Il essaya contre lui d'un genre d'agression familier aux sectaires. Par l'entremise d'Albicini, juge prévaricateur et fugitif, il suscita un garçon boulanger napolitain *qui se déclara fils du Pape, montrant de fausses lettres du Pontife*, et portant l'impudence jusqu'à demander une position conforme à sa naissance. Sans s'inquiéter de cette infamie et de tant d'autres, le Pape poursuivit courageusement sa tâche. » Voir aussi Falloux, *Vie du Pape S. Pie V*, p. 208.

par le Pape, de la médaille commémorative, etc.

Toutes les relations, écrites ou verbales, adressées au Pape, soit directement par le roi de France et par le nonce, soit indirectement, pour lui annoncer la Saint-Barthélemy, expliquaient le massacre par un complot contre la vie du roi et contre l'État, *complot qui n'avait pu être déjoué que par une exécution énergique et soudaine des conspirateurs*. Le roi avait dû sauver sa vie et sa couronne. Il était dans le cas de légitime défense.

A Rome et dans les diverses cours d'Europe, toutes les sources d'informations apportaient la nouvelle du complot. Grégoire XIII le crut, ainsi que la cour romaine. Il voulut « *bénir Dieu*, dit la *Revue des Questions historiques, d'avoir subitement et comme miraculeusement sauvé le roi et la France* (1) ».

La conduite du Pape s'explique parfaitement.

Voulait-on le tromper ? La prétendue conspiration était-elle inventée de toutes pièces ? La *Revue* répond qu'on ne voulait pas essentiellement le tromper, « mais on se trompait. La peur, on ne saurait trop le remarquer, avait donné à quelques insolences le caractère d'un complot : cette opinion fut contagieuse, elle devint comme endémique (2) ».

Cette croyance générale et cette peur expliquent les diverses cérémonies d'action de grâces qui eurent lieu, non seulement à Rome, mais à Paris, où une messe fut célébrée sur la double invitation du Parlement et de la cour.

(1) Revue citée, p. 382.
(2) Page 381.

Voilà aussi la raison des médailles commémoratives.

Brantôme raconte que, plus tard, Grégoire XIII, mieux renseigné, pleura. « Je pleure, dit-il, tant d'innocents qui n'auront pas manqué d'être confondus avec les coupables ; il serait possible qu'à plusieurs de ces morts Dieu eût fait la grâce de se repentir. »

A la mort du roi, Grégoire XIII écrivit une lettre à Catherine de Médicis. Or, dans cette lettre, il n'y a pas un mot d'éloge pour Charles IX, ni pour sa mère. Il engage seulement la reine-mère à supporter chrétiennement cette épreuve, et à préférer *le service de Dieu et de la religion à tout le reste* (1).

(1) Revue citée, p. 383.

APPENDICE

I. — En plein cœur de Paris, près du Louvre, les protestants ont dressé une statue en marbre blanc de l'amiral de Coligny. Elle est remarquable au point de vue artistique. Au bas du monument, une bible ouverte, également en marbre, met sous les regards des passants deux textes :

La mémoire de l'homme juste subsiste à perpétuité. Ps. CXLI, 6.

Il tint ferme, comme s'il eût vu celui qui est invisible. Hébr. IX, 27.

Plus bas, on lit cet extrait du testament de Coligny :

J'oublierai bien volontiers toutes choses qui ne toucheront que mon particulier, soit d'injures et d'outrages... pourvu qu'en ce qui touche la gloire de Dieu et le repos public, il y puisse avoir sûreté.

Les fils des huguenots, comme ceux de Voltaire, se plaisent à mentir. Mais leur hypocrisie ne pouvait s'étaler avec un cynisme plus révoltant.

La place de Coligny est au pilori, et l'inscription suivante pourrait venger la vérité ; elle est extraite d'une lettre de l'agent d'Elisabeth d'Angleterre à sa souveraine :

« *Je vins à Orléans, je dînai avec Monsieur le Prince ;* Monsieur l'Amiral, *Monsieur Dandelot....y étaient...* L'amiral *me dit que s'ils vous livraient maintenant Calais ou si vous gardiez encore le Havre,* quelle infamie et quelle honte ce serait pour eux, non seulement dans ce siècle mais dans l'histoire. **A jamais ils seraient réputés infâmes et tout le monde parlerait mal d'eux** (1). »

Il suffirait d'ajouter, avec la *Revue des Questions historiques :*

« *Ils se soumirent cependant aux odieuses conditions qui leur étaient imposées...* » — « *Trahissant ses devoirs d'amiral de France, Coligny, pour obtenir l'appui de la reine d'Angleterre,* **lui livre Dieppe et le Havre, et s'engage à lui ouvrir Calais** (2). »

Nous prions le lecteur de relire le fragment du testament de Coligny cité plus haut, et de dire si M. Buet a exagéré, en appelant l'amiral de Coligny le *Tartufe* du xvie siècle (3).

Ceux qui osent lui appliquer les deux textes de l'Ecriture cités plus haut sont les *Tartufes* du xixe, et des profanateurs de la parole de Dieu.

Et ceux qui autorisent, au centre de la capitale de la France, un monument à la mémoire de Coligny, sont les complices d'une impiété sacrilège et d'une **honte nationale.**

Il ne fallait pas assassiner l'amiral, c'est vrai.

---

(1) *Histoire des princes de la maison de Condé,* par Mgr le duc d'Aumale, t. I, pièces et documents, p. 20. — Fragments cités par la *Revue des Questions historiques,* le caractère de Coligny, vol. 38, 1885, II, p. 197.
(2) *Ibid.*
(3) *L'amiral de Coligny,* Ch. Buet, Introduction, 207.

Mais longtemps avant le 22 et le 24 août 1572, cet assassin, ce traître, ce rebelle et chef de rebelles, ce calomniateur odieux du pape saint Pie V, aurait dû, en bonne justice, être arrêté, jugé, pendu haut et court au gibet de Montfaucon.

II. — Un dernier mot sur Charles IX. Faible et irascible, ce prince était cependant enclin, par sa nature, à la justice et à la bonté. On a vu qu'il commanda subitement le massacre du 24 août dans un accès de colère, et révoqua, mais trop tard, l'ordre donné.

Sa mère exerçait sur lui une funeste influence. Elle est plus coupable que lui. « Mieux conseillé ou conduit par une mère judicieuse et ferme, Charles IX, malgré sa grande jeunesse (il fut roi à dix ans), n'aurait pas été indigne de régner sur la France (1). »

Nous n'avons point dissimulé les fautes très graves de sa politique. Ajoutons cependant qu'il a été noirci outre mesure par les pamphlétaires. Ils en ont fait un monstre de cruauté, d'hypocrisie. En cela, ils l'ont calomnié.

Les souvenirs de la Saint-Barthélemy lui causèrent des remords bien amers. Mais ici encore l'imagination s'est donné libre cours. Sully raconte, dans ses *Oeconomies royales*, que ces souvenirs l'ont fait mourir de désespoir, après une hideuse agonie, dans laquelle le sang lui sortait par la peau. Nous avons sous les yeux une histoire de France faite par un bon prêtre qui, comme le grand nombre, s'en rapporte purement et simplement à ceux qui ont copié Sully.

(1) *Revue des questions historiques*, I. 1866, I, p. 29.

La *Revue des questions historiques* proteste.« Il est faux, dit-elle, que ces souvenirs l'aient fait mourir de désespoir; il est faux que son agonie ait été hideuse et que le sang lui soit sorti par la peau. Sorbin, qui le voyait de près, Sorbin ecclésiastique un peu ardent peut-être, mais pieux et instruit, attribue sa mort aux chagrins dont l'abreuvèrent les menées de l'hérésie ; il atteste que ce prince mourut *avec calme et confiance*, dans les meilleurs sentiments de religion (1). »

Nous souhaitons que ces pages apportent, Dieu aidant, un peu de lumière dans l'esprit des bons Français qui les liront.

Puissent-ils devenir eux-mêmes, en face du mensonge et du blasphème, les vengeurs de la vérité, de l'Eglise et de la patrie.

III

Etymologie du mot « Huguenot » par un contemporain du seizième siècle.

Regeste des affayres de Frère Symeon Vinot, d'Arc en Barroys, religieux de Saint Francoys, jadiz du couvent de Chastel Vilain, diocèse de Lengres, et a present curé de l'église parroilsiale du Landeron, diocèse de Losanne, commencé sur le jour qu'il a obtenu grâce et congé pour régir la dicte parroche, qui fut le 10 jour du mois de septembre, l'an 1563.

(1) *Ibid.*, p. 383, en note.

L'an 1561 commença à s'élever en France la secte des Hugguenotz, ou (a mieulx dire) Eygnossen, pour ce qu'ils voulaient fayre les villes franches, et s'allier ensemble, comme les villes des Schwysses, qu'on dict en allemand Egnossen, c'est-à-dire Aliez. La quelle entreprise a beaucoup couté et porté grand dommage au Royaulme de France, et à leurs voysins, tant en la perdition des hommes comme la destruction des églises, le pillage des pays et séditions populaires. Toutes foys les christiens heurent du meilleur en la bataille, et regaygnirent beaucoup de villes qui s'estoient révoltées contre leur roy, remirent partout la messe et les sacrements ecclésiastiques : en attendant que Dieu tout puissant y pourvoye plus oultre.

(Communiqué à l'*Indicateur d'histoire suisse*, p. 174, année 1875, par le P. Nicolas Rædlé, cordelier.)

IV

LETTRE DU PAPE SAINT PIE V AU CARDINAL CHARLES DE BOURBON.

(Après la paix de 1570)

« Votre prudence vous fera comprendre plus facilement que nous ne pouvons l'exprimer par des paroles, l'amertume dont nous avons été abreuvé à la nouvelle de cette pacification. Nous ne pouvons, en effet, sans verser des larmes, songer combien elle est déplorable pour nous et tous les gens de bien, combien elle est dangereuse et de combien de regrets elle sera la source. Plût à Dieu que le roi eût pu comprendre ce qui est très vrai et très manifeste, c'est-à-dire qu'il est exposé à de plus grands dangers depuis la conclusion de cette paix, par les menées sourdes de la fourberie de ses ennemis, qu'il ne l'était durant la guerre ! Aussi faut-il craindre que Dieu n'ait abandonné le roi lui-même et ceux qui l'ont conseillé à leur sens réprouvé, de manière que, voyant ils ne vissent pas, qu'entendant, ils n'entendissent pas ce qu'ils auraient dû voir et entendre. Le cœur toutefois ne nous faiblit point ; mais nous gardons notre courage pour le service de Dieu, nous souvenant que nous tenons sur la terre, quoique indigne, la place de celui qui garde la vérité éternellement à travers les siècles, et qui ne confond pas ceux qui espèrent en lui. Mais aussi, plus les affaires de ce royaume sont dans un état pire que celui où elles ont jamais été vues, plus nous pensons que nous devons vous avertir de votre devoir, vous et les autres princes dévoués à la religion catholique. Etant assuré que vous ne le cédez en piété à personne parmi eux, nous avons cru convenable, en des circonstances si critiques, de vous exhorter à défendre la foi, à résister aux hérétiques et à combattre contre eux le bon combat. Or rappelez-vous que vous êtes un de ces vénérables frères sorti du sein de l'Eglise romaine, et engagé par serment à répandre votre sang pour elle. C'est pour cela que vous avez été revêtu de la pourpre, signe extérieur du dévouement dont il faut donner des preuves dans la défense de l'orthodoxie.

« Demeurez ferme dans votre vocation, cherchez un nouveau courage, protégez la foi catholique contre les périls qui peuvent se présenter, quels qu'ils soient, soutenez la cause de Dieu par tous les secours en votre pouvoir, et appliquez-vous à la relever de l'état d'abaissement où elle se trouve réduite. Si vous le faites, non seulement vous recevrez, pour fruit de votre travail, des mains du divin Rédempteur, le prix de l'éternelle récompense, mais vous obtiendrez aussi gloire et honneur parmi les hommes. Si, au contraire (ce qu'à Dieu ne plaise), vous manquez à votre devoir en des conjonctures si critiques, Dieu ne manquera pas de moyens pour défendre son nom, surtout en considération des prières d'un grand nombre d'hommes vraiment catholiques qui restent encore dans le royaume ; mais pour vous, si vous ne payez pas en ce moment à Dieu, à la Religion, au caractère dont vous êtes revêtu, à ce Saint-Siège apostolique, le tribut que vous leur devez, vous chercheriez vainement plus tard un autre temps pour le faire. »

TABLE DES MATIÈRES

	Pages
Avant-propos	3
Chapitre Ier. — Intolérance et excès de la réforme en Europe	5
1° Le Protestantisme poussait à la corruption des mœurs	6
2° Le Protestantisme poussait au socialisme, au brigandage, à l'anarchie	8
3° La Réforme poussait à la destruction du catholicisme	10
Chapitre II. — Les crimes des huguenots en France	15
1° En France, comme ailleurs, les protestants voulaient anéantir la religion catholique et lui substituer le calvinisme. Pour arriver à cette fin, les huguenots formaient un Etat dans l'Etat, ils tentaient de s'emparer du pouvoir et pactisaient avec les ennemis de la patrie	15
2° Les huguenots ont provoqué la Saint-Barthélemy en donnant l'exemple du pillage et des massacres	19

TABLE DES MATIÈRES

CHAPITRE III. — LA SAINT-BARTHÉLEMY 27
    I. *La cour et les huguenots.* Outre les causes déjà expliquées, la politique désastreuse de Catherine de Médicis et la faiblesse de Charles IX ont amené la Saint-Barthélemy.. 27
    II. *L'entrevue de Montpipeau et l'arquebusade du 22 août*............... 33
    III. *Le 24 août et les massacres. Le nombre des victimes*............ 38

CHAPITRE IV. — L'ÉGLISE N'EST PAS RESPONSABLE DE LA SAINT-BARTHÉLEMY. Objections et réponses...................... 45

APPENDICE.

    I. La statue de Coligny............. 55
    II. Un dernier mot sur Charles IX.... 57
    III. L'étymologie du mot *huguenot*..... 58
    IV. Lettre de Pie V au Cardinal de Bourbon....................... 59

Paris, Imprimerie des Orphelins-Apprentis d'Auteuil, D. Fontaine, 40, rue La Fontaine, 40.